Religion für kleine Leute

Christophorus

von Regine Schindler
Bilder von Eleonore Schmid

Verlag Ernst Kaufmann · Lahr

Vor langer Zeit lebte weit im Osten ein merkwürdiger Mann. Er war doppelt so groß wie normale Menschen. Er war stark. Sein Kopf aber machte den Menschen Angst. „Er sieht aus wie ein Hund“, sagten die einen. „Schaut, er hat ein riesiges Maul wie ein Tier“, sagten andere. „Menschenfresser!“ riefen ihm manche nach. Der Mann hieß Reprobus. Das bedeutet „der Verdammte“.

Der riesengroße Reprobus zog weg aus seiner Heimat. „Ich bin so groß und so stark, daß ich nur dem mächtigsten König der Welt dienen will.“ Er suchte den mächtigsten König der Welt, und er dachte: „Vielleicht wird mich der mächtigste König der Welt auch von meinem furchtbaren Gesicht befreien. Ich möchte ein richtiger Mensch werden. Ich möchte kein Verdammter mehr sein, vor dem alle Menschen Angst haben.“

Reprobus kam bald zu einem König mit einem großen Palast und vielen Dienern. „Er ist der mächtigste König der Welt“, hatten ihm die Bauern am Wegrand gesagt und auf die hohen Türme gezeigt.

Dieser König konnte Reprobus gut brauchen und machte ihn zu seinem obersten Diener. Reprobus war stark. Er konnte Bäume von Hand ausreißen; er konnte fünf große Balken des Baugerüsts auf einmal tragen. Er war groß; er konnte Hausdächer ohne Leiter decken; er ragte aus jeder Menschenmenge heraus. Das gefiel dem König.

Eines Tages kam ein Geschichtenerzähler an den Hof des mächtigsten Königs der Welt. Alle hörten ihm zu. Immer aber, wenn das Wort „Teufel" vorkam, zuckte der mächtige König zusammen. Schnell machte er dann auf seiner Stirn das Zeichen des Kreuzes.

Reprobus wunderte sich. Er fragte. Er fragte immer wieder. Schließlich gestand der König: „Ich habe Angst vor dem Teufel. Durch das Zeichen des Kreuzes will ich mich schützen." „Angst?" erwiderte Reprobus, „also ist der Teufel mächtiger als du? Du mußt ihn fürchten?" Der König nickte. Da wandte sich Reprobus ab vom mächtigsten König der Welt – er kehrte ihm den Rücken und sagte: „Den Teufel will ich suchen. Er ist mächtiger als du. Ihm will ich dienen. Vielleicht kann er mir besser helfen als du."

Reprobus nämlich hatte sein Hunde-Gesicht noch nicht verloren. „Ich möchte ein richtiger Mensch werden." Danach sehnte er sich.
Er nahm nur ein Pferd vom Königshof mit und ritt hinaus in die Welt.

In einer Wüste begegnete ihm eine Schar von Rittern. Sie trugen kostbare Rüstungen, die wie Feuer in der Sonne glänzten. In ihrer Mitte aber ritt einer – dessen Rüstung leuchtete wie reines Gold. Der goldene Ritter hatte ein schreckliches Gesicht. Seine Augen glühten wie Kohlen, als er auf Reprobus zu galoppierte und fragte: „Wen suchst du?" „Ich suche den Teufel. Ihm möchte ich dienen", sagte Reprobus. „Ich bin der, den du suchst. Ich kann dich brauchen", erwiderte der schreckliche Ritter.

Reprobus war bald der oberste Diener des Teufels. Er bekam eine feuerfarbene Rüstung; sie war mit Edelsteinen besetzt. Durch seine Größe und seine Kraft konnte er dem Teufel oft helfen. Er konnte einen Speer werfen; der war doppelt so lang und doppelt so schwer wie alle anderen Speere. Reprobus ritt so schnell wie sein neuer Herr, der Teufel, und begleitete ihn durch die ganze Welt.

Aber merkwürdig: Immer, wenn der Teufel am Wegrand ein Kreuz stehen sah, verließ er die Straße und machte einen großen Umweg. Er kletterte mit seinem Pferd in die Felswüste, er durchquerte Gegenden mit gefährlichen wilden Tieren, er raste über sumpfige Wiesen. Erst weit nach dem Kreuz kehrte er wieder auf die Straße zurück. Der Teufel zitterte und war dann so schwach, daß Reprobus ihn stützen mußte.

Reprobus wunderte sich. Er fragte. Er fragte immer wieder. Schließlich gestand der Teufel: „Ich habe Angst vor dem Kreuz. Es erinnert mich an einen Menschen. Den hat man ans Kreuz geschlagen, getötet. Er heißt Christus." „Angst?" fragte Reprobus. „Also ist dieser Christus mächtiger als du? Du mußt dich fürchten?" Der Teufel nickte. Da wandte sich Reprobus ab vom Teufel – er kehrte ihm den Rücken und sagte: „Den Christus will ich suchen. Er ist mächtiger als du. Vielleicht kann er mir besser helfen als du."

Reprobus nämlich hatte sein Hunde-Gesicht noch nicht verloren. „Ich möchte ein richtiger Mensch werden." Danach sehnte er sich.

Er warf die feuerfarbene Rüstung mit den Edelsteinen dem Teufel vor die Füße. Nur den Speer, der doppelt so lang war wie alle andern Speere, nahm er mit. Er ritt weiter, um Christus zu suchen.

Reprobus ritt viele Jahre durch die Welt. Überall fragte er nach Christus. „Ein mächtiger König mit Namen Christus? – Nein, von dem haben wir nichts gehört“, bekam er immer wieder zur Antwort.

Einmal kehrte er bei einem Einsiedler in einer Hütte ein. In der Hütte hing ein kleines Kreuz aus Holz. „Kennst du vielleicht Christus?“ fragte Reprobus, „ihm möchte ich dienen.“

Der Einsiedler erzählte von Christus: von seiner Geburt im Stall, von seinen Wundertaten, von seinen Predigten, von seinem Tod am Kreuz. „Wie kann ich einem Toten dienen?“ fragte Reprobus. „Du gibst mir ein schweres Rätsel auf.“ „Er ist nicht tot, er ist auferstanden, er lebt. Wenn du fastest, Reprobus, und wenn du betest, dann bist du sein Diener.“ Da wurde Reprobus traurig. „Das kann ich nicht – durchs Fasten verliere ich alle meine Kraft, und das Beten habe ich nie gelernt.“

Der Einsiedler überlegte eine Weile und antwortete: „Siehst du den wilden Fluß da unten? Er hat viele Strudel. Immer wieder ertrinken Menschen, die ihn überqueren wollen. Die Kraft fehlt ihnen beim Rudern, und sie geraten in Wirbel.“ Reprobus horchte auf. „Du bist stark und größer als alle Menschen, die ich kenne. Setze dich an den Fluß und trage die Wanderer, die auf die andere Seite des Flusses möchten, hinüber. Auch so wirst du Christus dienen. Und warte geduldig: Es ist möglich, daß du ihn eines Tages auch sehen wirst.“ „Ich will deinem Rat folgen“, antwortete Reprobus.

Er baute sich ein Häuschen am Fluß.
Gestützt auf den Speer, der doppelt so lang war wie alle andern Speere, trug er Menschen durch den gefährlichen Fluß, vorbei an Wirbeln und Strudeln: Junge und Alte, Arme und Reiche, Bettler und Könige, viele Jahre lang.
Manchmal war er müde und traurig. Im Fluß sah er sein Spiegelbild – das Hunde-Gesicht.
Menschen kamen und gingen, immer neue.
Aber sein häßliches Gesicht blieb gleich.

Eines Tages, als Reprobus in seinem Häuschen ausruhte, hörte er eine Kinderstimme. „Komm heraus, trag mich hinüber“, rief sie. Reprobus ging hinaus und fand niemanden. Ein zweites Mal rief die Stimme – und wieder war niemand da. Nach dem dritten Rufen aber entdeckte Reprobus ein kleines Kind, das am Ufer des Flusses saß.
Er setzte das Kind auf seine Schulter und stieg in den Fluß. Da wurden die Wasserfluten höher, die Wirbel stärker, und das Kind auf seiner Schulter wurde immer schwerer, schwerer als das ganze Baugerüst des Königs; schwerer als der Teufel in seiner goldenen Rüstung, den er gestützt hatte; schwerer als Blei. Der Speer, auf den Reprobus sich stützte, brach entzwei – der Mann meinte, er müsse ertrinken und das Kind mit ihm.
Mit letzter Kraft erreichte er das andere Ufer.

Als der starke Mann das Kind abgestellt hatte, seufzte er, ließ sich erschöpft auf den Boden fallen und sagte: „Kind, beinahe wäre ich mit dir ertrunken. Du bist schwerer als der mächtige König, schwerer als der Teufel – ich glaube, du bist so schwer wie die ganze Welt."
Und das Kind fuhr mit seiner kleinen Hand über den struppigen Hundekopf und antwortete: „Ja, du hast mehr als die ganze Welt über den Fluß getragen: Gott, der die Welt gemacht hat und alles, was in ihr ist. Ich nämlich bin Christus, dein Gott und dein König. Du bist mein guter Diener gewesen und wirst es dein Leben lang bleiben. Weil du aber mich selbst auf deiner Schulter getragen hast, bist du nicht mehr Reprobus, der Verdammte. Christophorus sollst du heißen, das heißt Christus-Träger. Trage mich fortan auch in deinem Herzen und erzähle von mir in der ganzen Welt. Und damit du siehst, daß ich die Wahrheit sage: Stecke den zerbrochenen Speer in die Erde neben deinem Häuschen. Und siehe, was daraus wird."

Da war das Kind verschwunden.

Der starke Mann aber watete durch den Fluß zurück zu seiner Hütte. Und im Wasser sah er sein Spiegelbild:
Der Hundekopf war verschwunden, auch das große Maul.
Ein bärtiger Mann schaute ihn an. „Christophorus, Christus-Träger", sagte er zu sich selbst. „Christus hat aus mir einen richtigen Menschen gemacht.
Ich habe kein Hunde-Gesicht mehr."
Froh und erschöpft legte er sich in seine Hütte, nachdem er den Speer in den Boden gesteckt hatte.

Am anderen Morgen stand neben dem kleinen Haus ein wunderbarer Baum. Er trug Blätter, Blüten und Früchte zugleich.
Christophorus aber zog hinaus in die Welt.
Er erzählte von Christus: „Er ist der mächtigste König der Welt. Ihr seht ihn nicht. Aber er ist bei euch."
Und von sich selbst erzählte er: „Ich hatte ein Hunde-Gesicht. Christus hat aus mir einen richtigen Menschen gemacht."

Nachwort für Eltern und Erzieher

Die Verehrung des Heiligen Christophorus ist zum ersten Mal im fünften Jahrhundert in Chalkedon (am Bosporus) bezeugt: Eine Kirche wurde ihm geweiht; er hatte im 3. Jahrhundert in Kleinasien gelebt und war als christlicher Märtyrer gestorben. Fürs 6. Jahrhundert wird eine Christophorus-Kapelle in Reims (Frankreich), um 600 ein Christophorus-Kult in Toledo (Spanien) bezeugt; ums Jahr 1000 taucht der Heiligenname in Konstantinopel sehr häufig auf; in der heutigen Schweiz wurde ihm zur gleichen Zeit das Hospiz in Pfäfers, das am Durchgangsverkehr von Süden nach Norden lag, geweiht. Im hohen Mittelalter spielte der Heilige in Meßgebeten eine stets wachsende Rolle. – Nach dem zweiten Weltkrieg wurde die Verehrung des Christophorus – als Beschützer des Verkehrs! – sehr populär. 1969 wurde er aus dem katholischen Festkalender gestrichen.

Die knappen Daten zum Christophorus-Kult sind nichtssagend ohne die Legende, die dahinter steht, eine Legende, die märchenhafte Züge hat und an verschiedenen Orten, rund ums Mittelmeer, sehr verschiedenartig weitererzählt wurde. Eine historische „Vita", eine Lebensbeschreibung des Christophorus, existiert – im Gegensatz etwa zu Martinus – nicht, wohl aber, neben der Legende, unzählige reizvolle bildliche Darstellungen.

Luther nannte Christophorus „den christlichen Menschen schlechthin". In diesem Sinn kann er auch für Kinder zur Identifikationsfigur werden. Christophorus ist ein Riese; in der östlichen Variante der Geschichte, die wir hier berücksichtigt haben, hat er einen Hundekopf. Er heißt denn auch *Reprobus* – das bedeutet der „Verdammte", der „Verruchte". Mit der Taufe, durch seine Begegnung mit Christus legt er sein tierisches Wesen ab: Indem er Christ wird, wird er auch ein „richtiger" Mensch. Allerdings ist dazu ein langer, gefährlicher Weg, zu dem stets von neuem ein Suchen und Aufbrechen gehört, nötig. Immer wieder neu will Reprobus den mächtigsten Herrscher suchen und ihm dienen. In diesem wiederholten Neubeginn, im Bestehen von Gefahren, auch in der Bereitschaft zu dienen, finden wir Märchenmotive, auch Wiederholungen, die eine große Eindringlichkeit der Geschichte bewirken. Auch die Tatsache, daß die Hilfe im Schwachen erscheint, vorerst in der Mitteilung des armen Einsiedlers, dann in Christus, der als kleines hilfloses Kind auftritt, ist einerseits ein Märchenzug, anderseits ein Zeichen für den christlichen Menschen, der nicht aufhört, nach Gott zu suchen und der dann in Christus den Retter findet: Christus, der arm ist, schwach, ganz bei den Menschen – anderseits König über die ganze Erde, stark, ein Helfer in der Not. Für diesen Reichtum wird der wunderbare Baum am Schluß der Legende zum Symbol.

Es wäre gut, wenn Kinder anhand der Christophorus-Legende etwas von diesem Kontrast erleben und dann in ihr eigenes Leben mitnehmen würden. Dies geschieht, so scheint mir, durch intensives Nacherleben der Geschichte, durch Betrachten der starken Bilder. Es geschieht im Innern, vielleicht weitgehend im Unbewußten der Kinder. Eine bewußte „Anwendung", eine gezielte Besprechung ist wohl kaum nötig.

CIP-Kurztitelaufnahme der Deutschen Bibliothek

Schindler, Regine
Christophorus / von Regine Schindler.
Bilder von Eleonore Schmid. –
1. Aufl. – Lahr: Kaufmann, 1985.
(Religion für kleine Leute)
ISB N 3-7806-0420-5

NE: Schmid, Eleonore:

1. Auflage 1985

Umschlaggestaltung: Reinhard Herrmann
Gesamtherstellung: Druckhaus Ernst Kaufmann, Lahr

ISB N 3-7806-0420-5